Entusiasmo para Viver

e ser mais feliz

Entusiasmo para Viver
e ser mais feliz

Gerson Simões Monteiro

MAUAD

Direitos desta edição reservados à
MAUAD Editora Ltda
Av Treze de Maio, 13, Grupo 507 a 509 - Centro
CEP 20031-000 — Rio de Janeiro — RJ
Tel.: (21) 533.7422 — Fax: (21) 220.4451
E-mail: mauad@uninet.com.br

Projeto gráfico (miolo):
Marcelo de Freitas

CATALOGAÇÃO-NA-FONTE
DEPARTAMENTO NACIONAL DO LIVRO

M775e

Monteiro, Gerson Simões.
Entusiasmo para viver / Gerson Simões Monteiro. – Rio de Janeiro : Mauad, 2001.
80 p. ; 13cm x 21cm

ISBN 85-7478-040-5

1.Espiritismo. I. Título.

CDD: 133.9

Agradecimentos

Joaquim Simões da Silva
Maria Coutinho Muniz
Genilda Lopes Ozório
André Luiz Valuche
Marcelo de Freitas
Marco Antonio Rodrigues
Maíra Lemgruber Boechat Monteiro
Nadja do Couto Valle
Maria das Graças Sena
Telma Simões Cerqueira
Scheyla Rodrigues Fadul

Dedicatória

Ao Benfeitor Espiritual Bezerra de Menezes com a minha gratidão.

Obrigado amigo e companheiro das horas difíceis da minha vida. Deus o ilumine cada vez mais na senda do bem. Obrigado por tudo!

Índice

Apresentação

Quem nesse mundo de hoje não precisa de entusiasmo para vencer: dificuldades financeiras, desemprego, perda de entes queridos, enfermidades, violência e, sobretudo, solidão.

Um ombro amigo é o que procuramos oferecer através das páginas deste livro. As mensagens de conforto para os que sofrem e choram, muitas vezes sozinhos, sem alguém para consolar, é o que buscamos.

Em nossas mensagens trouxemos exemplos de vida que são verdadeiros estímulos para manter o entusiasmo, fazer acender a luz da esperança para que se prossiga confiante na direção ao futuro.

Foi assim, com esse propósito, que reunimos artigos publicados na coluna *EM NOME DE DEUS,* aos domingos, no Jornal **Extra**, revisados e ampliados, na certeza de que nossa palavra de fé e de esperança alcançará corações aflitos e sofredores.

Desejamos também interagir com o leitor, ao final de cada texto, de forma a que as mensagens aqui formuladas possam, nas horas de tristeza, carência, insegurança, conflito, servir de bálsamo para suavizar a caminhada do leitor na busca da verdadeira paz, da alegria e da harmonia interior.

O autor

Entusiasmo para Viver

QUANDO SE FALA DO ENTUSIASMO para viver, nós sempre nos lembramos de Hugo. Ele é um tipo de pessoa que está sempre de alto-astral e tem sempre algo positivo para dizer, mesmo se submetendo a hemodiálise há cerca de 13 anos, três vezes por semana. Quando alguém lhe pergunta: "Como vai você?", ele responde: "Melhor que isso, só dois disso", e às vezes até "três disso".

Certo dia Alex, seu amigo de longa data, observando o seu grande entusiasmo na vida, mesmo sendo um doente renal crônico, lhe fez uma pergunta:

– Eu não acredito que você seja uma pessoa positiva o tempo todo. Como você consegue ?

E ele respondeu:

– Toda manhã eu acordo e digo a mim mesmo: Hugo, você tem duas escolhas: estar de alto-astral ou de baixo-astral. Então eu escolho estar de alto-astral. Como tenho de fazer hemodiálise, porque meus rins não funcionam, eu decido: posso ter paciência durante as quatro horas ligado à máquina para a limpeza do meu sangue, ou ficar irritado e impaciente. Eu então decido ter paciência e, com isso, também, dou exemplo aos meus companheiros na sala de tratamento.

Hugo, por certo, se inspirou na filosofia de vida daquele senhor que apareceu em certo programa de televisão. Ele tinha 75 anos de idade, mas se considerava um eterno jovem, porque, segundo suas palavras, "cada dia é uma nova aventura e eu a aproveito integralmente". Esse fato é citado pelo professor Celso Martins no seu livro *É Possível Ser Feliz?*

Diante disso, Alex argumentou que não era tão fácil para seu amigo ser daquele jeito.

E Hugo prontamente disse que sim, e mais: "A vida consiste em escolhas. Você escolhe estar feliz ou triste, calmo ou nervoso. Em suma: é escolha sua como viver sua vida. É muito importante sua posição mental para manter a saúde do Espírito, principalmente no meu caso, quando a saúde do corpo é deficiente."

De fato, de nossa parte podemos dizer que o entusiasmo para viver remove o obstáculo do desânimo, responsável pela depressão e pelo pessimismo. Esse entusiasmo é na realidade uma atitude de fé, aquela que remove as montanhas dos nossos problemas diários, pois modifica as circunstâncias de nossa existência.

LEIA E CONCLUA

★ Depois de ler o texto, analise o comportamento do nosso amigo Hugo, e dê a sua opinião sobre o tipo de pessoa em que ele se enquadraria.

Disse um estadista que, segundo o seu modo de ver, existir três tipos de pessoas:

1º- aquelas que não se "mexem" para modificar o seu ambiente ou para se modificar, aperfeiçoando-se; são chamadas Imóveis;

2º- as que são conduzidas pelas contingências da vida, isto é, são levadas pelas situações ou pelas pessoas; são as Móveis; e finalmente

3º- as pessoas que se Movem no sentido de melhorar as circunstâncias que as cercam, ou a si mesmas, visando sempre o progresso pessoal ou dos grupos sociais em que estão engajadas.

- Em que situação você se enquadraria? No 1º, 2º, ou 3º comportamento?

- Caso você se enquadre no 1º ou no 2º tipo (Imóveis ou Móveis), liste o que você tem que fazer a fim de se transformar em uma pessoa do 3º tipo, ou seja, uma pessoa que se move.

Vença a Depressão

DIANTE DOS SOFRIMENTOS pelos quais todos nós passamos neste mundo, quantas vezes ficamos tristes, desanimados e quase sem forças para viver. Esses sofrimentos são aqueles causados pela perda de um ente querido; pelos problemas que vivemos dentro de casa; pela perda do emprego; pela falta de dinheiro para pagar as contas; ou até mesmo por estarmos doentes ou por vermos uma pessoa amiga amargando uma enfermidade.

Isso pode acontecer com qualquer pessoa neste mundo, mas aceitar essa situação sem fazer nada para mudá-la pode nos levar a piores conseqüências. Pensando nisso, eis algumas sugestões para você sair do estado depressivo em que possa encontrar-se.

Em primeiro lugar faça uma prece a Deus, pedindo mais luz para vencer as sombras do caminho. Deus atende todas as rogativas sinceras, até mesmo as do maior pecador deste mundo. Lembre-se! Deus nunca está pobre de misericórdia.

Quando você estiver à beira do desânimo, procure fazer algo de bom, pois o bem que você fizer será sempre uma força positiva em sua vida, impulsionando-o para frente. Descubra essa nova alegria.

Entre em contato pessoal, por telefone ou por *e-mail*, com pessoas amigas cuja conversação venha a melhorar o seu clima espiritual. Procure alguém da sua religião para desabafar e até mesmo para buscar forças para a sua alma cansada. Recorde-se de que Jesus precisou também da ajuda do cirineu para carregar a Sua cruz até o monte do Calvário.

Faça uma visita a um enfermo. Visite aquele parente ou aquela pessoa que se encontra há muito tempo em cima de uma cama. Ao levar o conforto da sua presença amiga, você receberá, em contrapartida, o agradecimento silencioso dessas pessoas que atravessam maiores sofrimentos que os seus.

Não se entregue à inércia e nem ao choro da lamentação, porque isso enfraquece cada vez mais a sua resistência orgânica e espiritual, criando, certamente, doenças físicas e espirituais. Tenha fé e esperança, porque todos nós fomos criados para vencermos as lutas naturais da vida. Deus não dá fardos pesados que não possamos carregar.

Enfim, leia um livro edificante. Se você é espírita, busque conforto no *Evangelho Segundo o Espiritismo*, de Allan Kardec, no Capítulo V, Bem-aventurados os Aflitos, ou então nas palavras de Jesus registradas pelos Seus discípulos no Novo Testamento da Bíblia. O que você não pode é parar. Ore, confie e trabalhe porque Deus proverá o resto.

PENSE NISSO

★ Em que situações de sua vida você venceu dificuldades e, com isso, dê um passo à frente?

★ Em alguma delas a dificuldade paralisou você?

★ Em qual das duas situações você se sentiu melhor?

★ Estender as mãos para receber socorro e ajuda não é o melhor que você faz?

★ Quem é que não precisa de ajuda nesse mundo?

A Cura da Impaciência

SE VOCÊ AINDA É IMPACIENTE, não sei se conhece a história daquele homem faminto e sem dinheiro, que caminhava por uma estrada à margem de um rio caudaloso, e ao ver no chão uma nota de cem reais, encoberta pela poeira, mais do que depressa recolheu-a em suas mãos, e verificando, surpreso que era apenas a metade da cédula.

Só que ele, irritado com a sua falta de sorte, amassou-a entre os dedos e jogou-a no rio. Ao andar mais alguns metros, deparou-se com a outra parte da nota; no entanto, era tarde demais, porque a correnteza já havia levado a outra metade para bem longe.

Pelo visto, o que faltou a esse homem foi paciência, virtude indispensável para resolvermos os nossos problemas ou para vencermos as dificuldades no mundo em que vivemos.

Aliás, para sermos pacientes, é preciso, antes de tudo, educarmos a nossa vontade, ou melhor, nos segurarmos por dentro, controlando os impulsos de nosso mundo interior. Isso na realidade só depende de nós mesmos e de mais ninguém, porque a conquista do saber esperar é fruto do nosso esforço. E é por isso mesmo que ninguém é culpado quando ficamos impacientes.

Na verdade, a paciência é uma caridade como nos ensina o *Evangelho Segundo o Espiritismo*, publicado por Allan Kardec. Esclarece esse livro, também, que a caridade mais meritória é a de perdoarmos aos que Deus colocou em nosso caminho para serem instrumentos do nosso sofrer e para nos porem à prova a paciência.

A cada momento somos testados em matéria de paciência por todos os lados. O teste pode vir do parente difícil dentro de casa; do colega de trabalho intratável; do chefe opressor; ou do motorista que buzina atrás do nosso veículo, querendo que avancemos o sinal para ele passar. Não reagir e nem passar recibo às ofensas nesses casos será sempre uma forma inteligente de conquistarmos a tranqüilidade íntima.

Queremos lembrar ainda, que segundo a opinião de Chico Xavier, a neurose é o resultado da impaciência ou da falta de resignação. Diz ainda o médium mineiro que 60% a 80% de nossas doenças foram adquiridas através dos choques, da intolerância, das ofensas e da falta de perdão.

Eis porque Jesus sabiamente afirmou: — "Na paciência, tereis as vossas almas."

SUGESTÃO OPORTUNA

★ Faça uma lista dos acontecimentos diários que acabam com a sua paciência, e, ao lado de cada um, relacione providências que você pode tomar para eliminar os focos da impaciência em sua alma.

Exemplo:

1º – Observe se você é capaz de responder cinco vezes a mesma pergunta sem *mudar* o tom de voz.

2º – Se você mudar o tom de voz na segunda ou na terceira, a providência é compreender as dificuldades do interlocutor que podem ser motivadas pela idade dele, pela deficiente audição sua ou dele, ou por ele estar passando por distúrbios mentais de diversas ordens.

★ Depois dessas providências, observe se a sua saúde física e mental melhorou e se sua alegria de viver aumentou (ou voltou).

Como Funciona o 0800 Divino

SE VOCÊ ULTIMAMENTE vem sentindo desânimo e um grande vazio por dentro, cuidado para não alimentar pensamentos como: sumir de vez, acabar com tudo, morrer para deixar de sofrer. Estes pensamentos negativos podem levar você à prática infeliz do suicídio.

É importante saber que o sentimento de desesperança, que gera fraqueza espiritual, pode surgir de você mesmo, pela revolta interior contra a vida que você leva, ou também por não aceitar os seus parentes, amigos e colegas de trabalho como eles são.

Além disso, esses pensamentos podem surgir também de fora, como se fosse uma voz falando para a sua alma, destruindo suas melhores energias e disposições para viver. Neste caso, essas idéias são dadas por Espíritos maus que procuram levar você a um estado depressivo, de baixa auto-estima, para posteriormente induzi-lo à prática do suicídio.

Mas quando lhe faltar o ânimo para viver, faça imediatamente uma prece a Deus, pedindo socorro, porque o "0800 Divino" funciona 24 horas por dia para auxiliar as criaturas humanas necessitadas de amparo espiritual.

O Pai Celestial está sempre atento às "ligações" que fazemos pelo fio da oração, sem nos cobrar nada pela sua ajuda. No entanto, para sermos ajudados por Deus nos momentos difíceis é preciso manter acesa a chama da fé, por menor que ela seja: guardar a calma em todas as circunstâncias da vida; e cultivar a paciência para esperar o socorro.

E outra coisa que você deve saber: é possível orar ao Criador diretamente, sem intermediários e em qualquer lugar onde você estiver. Mas é sempre bom procurar um templo religioso para receber a ajuda e o conforto da sua religião.

Se você tem afinidade com o Espiritismo, procure um Centro Espírita próximo da sua casa. Leia o Capítulo V – "Bem-aventurados os aflitos", de *O Evangelho Segundo o Espiritismo*, de Allan Kardec, que aborda a questão do suicídio. "Ajuda-te a ti mesmo, que o Céu te ajudará". Confie na bondade de Deus porque tudo passa na vida. Deus é Pai e ama a todos os seus filhos indistintamente. Disso você pode estar certo.

LEIA COM ATENÇÃO

- Se você está desanimado, ore a Deus pela forma mais simples: Ajuda-me! Socorra-me, Senhor!
- Mas lembre-se de que:
  A prece é antes de tudo um sentimento de fé e, por isso mesmo, não basta clamar. É preciso sentir.

Como Conquistar a Paz

CONTA-SE QUE UMA ANDORINHA, vendo a floresta em chamas, passou a molhar suas asas nas águas do rio e a despejar as pequenas gotas d'água em cima das labaredas. Centenas de pássaros grandes corriam desesperados do incêndio, e vendo o esforço da pequena ave, disseram que ela não conseguiria apagar o fogo de jeito nenhum. Diante disso a andorinha respondeu que se todos a imitassem, o fogo seria apagado.

Certo homem, ouvindo essa história, decidiu apagar as chamas da violência na Terra e começou pacificando a sua alma, buscando diariamente, na oração, a serenidade para implantar a paz no mundo.

Na sua casa passou a não gritar com mais ninguém e ao invés de brigar com a mulher, começou a conversar com ela e a dialogar com os filhos. Nos finais de semana deixou de beber para não criar as confusões e as arruaças no botequim e em sua residência.

Os filmes de violência e de terror foram substituídos por documentários instrutivos e culturais. Deixou de falar palavrões. Manteve a paciência repetindo mais de cinco vezes a mesma resposta quando alguém lhe perguntava a mesma coisa.

E foi além: fez as pazes com os vizinhos e diminuiu o som do rádio para não irritá-los. Perdoou a sogra e convidou-a para almoçar novamente em sua casa. Eliminou o ódio contra um parente por causa de herança e passou a visitá-lo no hospital dirigindo-lhe palavras de consolo.

No trabalho deixou de ser áspero com os colegas de seção, mais atencioso para com os seus subordinados e mais compreensivo com o seu chefe. No trânsito deixou de buzinar quando estava nervoso e passou a respeitar as autoridades sem discussão; cortava outro veículo sempre com prudência; e cedia sempre a vez para outro veículo ultrapassá-lo.

O seu exemplo contagiou os familiares, parentes, vizinhos, colegas de trabalho, enfim todas as pessoas que com ele conviviam. A cidade passou a viver um clima de paz e tranqüilidade, influenciando outras cidades mais próximas, outros estados, o país inteiro e o mundo todo.

Derramando as pequenas gotas da sua paz interior onde vivia, tal qual a andorinha de nossa história, apagou o incêndio da violência em sua alma e deu início à paz do mundo com o seu exemplo, apesar de suas próprias dificuldades, porque para ele a conquista da paz é a chave da felicidade e da segurança na vida.

PARA VOCÊ RESPONDER

★ Você acredita que a violência um dia terá fim neste mundo?

★ Seu exemplo é fundamental para a violência desaparecer do planeta em que vivemos?

★ Na conquista da paz, se os outros não se esforçam para conquistá-la, qual a sua atitude diante dessa situação?

★ Você tem feito a sua parte, adotando o exemplo da andorinha de nossa história?

Jamais Passar Recibo

CERTO DIA, quando um homem caminhava por uma floresta, observou que dentro de uma poça d'água afogava-se um escorpião. Abaixou-se e, usando as próprias mãos, retirou delicadamente o animal da situação que o levaria fatalmente à morte. Mas assim que o escorpião sentiu-se fora de perigo, aplicou dolorosa ferroada na mão de seu benfeitor, que ao sentir forte dor, deixou-o cair de volta à poça d'água.

O bondoso homem, ao ver o que aconteceu, pegou um pequeno galho e salvou novamente o peçonhento animal. Seus companheiros que presenciaram de perto o acontecido, muito surpresos, pediram explicações sobre a razão que o levara, depois da ferroada, a salvar mais uma vez o ingrato animal.

O homem, serenamente, respondeu:

– "O escorpião, como animal, reagiu de acordo com a sua natureza e eu, segundo a minha, agi como um ser portador de razão iluminada pelo sentimento de amor.".

A nosso ver, essa deve ser a nossa conduta diante da vida quando passamos pela difícil prova da ingratidão.

E vale aqui lembrar que Jesus, modelo máximo de perfeição para a Humanidade, recomendou que retribuíssemos sempre o mal com o bem, e que não resistíssemos ao mal que nos quisessem fazer. Por isso mesmo, na hora extrema da crucificação, Jesus rogou a Deus que perdoasse os seus algozes, pois eles, na realidade, não tinham idéia da imensa ingratidão que estavam cometendo. Reagiram abafando a razão na ausência da luz da bondade e do infinito amor.

PENSE E REFLITA

★ Ficou bem claro que:

- Agir é a maneira correta de proceder positivamente, e
- Reagir é proceder na mesma faixa negativa em que o outro se encontra.

★ Mas para você o que é mais compensatório: assumir o ônus da ação ou o remorso da reação?

★ Deve-se "passar recibo" para o ingrato, ou seja, fazer o mesmo com ele?

★ Se você fez o bem não esperando recompensa, por que sente a dor da ingratidão?

Perdão para os Amigos e Inimigos

"PERDOAR AOS INIMIGOS é pedir perdão para si próprio, perdoar aos amigos é dar-lhes uma prova de amizade, perdoar as ofensas é mostrar-se melhor do que se era." Esses pensamentos são do Espírito Paulo, apóstolo, na mensagem sobre o perdão das ofensas no *Evangelho Segundo o Espiritismo*, de Allan Kardec. Lembra ele que há duas maneiras bem diferentes de perdoar: há o perdão dos lábios e o perdão do coração.

Muitas pessoas dizem com referência ao seu adversário: "eu lhe perdôo", mas interiormente, alegramse com o mal que ele sofre e ainda comentam: "bem que ele merecia.". Paulo, apóstolo, comenta nessa mensagem que "perdoar aos amigos é dar-lhes uma prova de amizade", e que desculpar "setenta vezes sete vezes", como proposto por Jesus, não é somente uma indução ao perdão aos declarados inimigos: como, isso é também para ser aplicado a favor dos parentes, dos amigos e das pessoas de nossa convivência.

Quantas vezes somos convocados a perdoar entes queridos que estão ligados diretamente à nossa pessoa e que nos feriram profundamente?

Mas se nós mesmos ainda não atingimos a perfeição, se ainda somos capazes de errar, como cobrar deles atitudes impecáveis? E não podemos esquecer que a falta de perdão para os entes queridos e para todos os demais gera ressentimento que funciona como peso morto na área do sentimento, levando ao desequilíbrio.

Emmanuel, no livro *O Consolador*, psicografado pelo médium Chico Xavier, diz o seguinte:

– "A Terra é um plano de experiências e resgates por vezes bastante penosos, e aquele que se sinta ofendido por alguém não deve esquecer que pode também errar setenta vezes sete.".

ISSO É CONTIGO

- ★ O que é mais fácil; perdoar os amigos ou os inimigos declarados?
- ★ Vale a pena ter inimigos na vida?
- ★ Você já procurou fazer as pazes com os amigos que já o prejudicaram?
- ★ E quanto aos inimigos declarados, você já fez tudo para acabar a inimizade com eles?

Como Vencer a Irritação

NOSSO PRIMEIRO PENSAMENTO ao iniciarmos mais um dia de nossa existência é o de agradecimento a Deus por tudo quanto temos recebido e depois o de rogar suas bênçãos de amor e de paz para mantermos a calma durante o dia que se inicia.

Aliás, falando em calma, gostaríamos de enumerar mais alguns itens necessários para não perdê-la nos momentos difíceis da nossa vida:

1º – Peçamos sempre a Deus possibilidades de ajudar o próximo e de fazer todo o bem possível ao nosso alcance.

2º – Desculpemos sempre aquelas pessoas que venham a ferir os nossos melhores sentimentos, não permitindo jamais que a amargura tome conta do nosso coração.

3º – Reconheçamos, sinceramente, que somos capazes de errar. E por isso mesmo, devemos perdoar os erros dos outros, não guardando mágoas ou ressentimentos, que acabam com a nossa saúde física e mental.

4º – Lembremos de que lastimar fracassos e dificuldades que já passaram é perda de tempo, e iniciemos a reconstrução de nossas vidas, pelo caminho da paz, da fé e da compreensão.

5º – Aceitemos a vida e o próximo como são, com paciência e sem revolta, sabedores de que a justiça de Deus sempre nos dá aquilo de que justamente precisamos para o nosso crescimento espiritual.

Enfim, se formos capazes de usar todas essas indicações com esforço e boa vontade, venceremos a irritação, que, quase sempre, nos conduz à cólera, ao desespero e à destruição das melhores coisas da vida. E tenhamos a certeza de que a calma será sempre a nossa melhor companheira garantindo a nossa paz de Espírito durante as 24 horas do dia.

SUGESTIVO EXERCÍCIO

- Primeiramente, relacione o que mais irrita você no dia-a-dia.
- Procure identificar a pessoa ou situação que mais o aborrece.
- Tente anular a irritação a cada vez que você é tentado. A cada dia terá menos irritação.
- Observe se a cada dia você tem menos motivos para irritar-se.

O Socorro de Deus

O PROGRAMA FANTÁSTICO, de 23 de outubro de 1981, apresentou um fato ocorrido na década de 50, com um médico residente em Duque de Caxias, Rio de Janeiro, que, na época, era materialista. Disse ele, no seu relato, que foi despertado, na madrugada, por uma voz chamando-o à porta. Ao abri-la, uma menina de seus 10 anos, molhada de chuva, pediu-lhe ajuda para sua mãe muito doente.

Imediatamente, passou a mão na maleta, colocou a menina dentro do carro e foi prestar socorro. Pela madrugada adentro, atravessando caminhos enlameados pela chuva, a certa altura dirigiu-se à menina, surpreso por ela tê-lo encontrado, pois sua residência ficava bem longe do local onde ela morava e os obstáculos, segundo percebia, eram muito grandes para uma garota daquela idade ultrapassar.

Chegando ao pobre casebre, o médico tratou de medicar a enferma, que se encontrava prostrada em cima de uma cama, em estado pré-comatoso, ocasionado por uma pneumonia.

Ao amanhecer, a mulher, já podendo falar um pouco, estranhou a presença do médico no barraco, perguntando-lhe, inclusive, a forma pela qual tinha sido avisado de seu estado. O médico, ao responder que tinha sido chamado por sua filha, ouviu da enferma a informação de que ela e sua única filha estavam muito doentes; que a menina já havia morrido fazia dois dias; e que o seu corpo encontrava-se insepulto no outro quarto.

O médico, ao entrar no referido quarto, com grande surpresa, deparou-se com o cadáver da menina, constatando ser a mesma que havia batido à sua porta, naquela madrugada, pedindo socorro para a genitora.

Como vimos, Deus é todo misericórdia, permitiu que o Espírito da filha se tornasse visível ao médico, para que, embora materialista mas possuidor de grande amor ao próximo, pudesse ajudar sua mãe enferma na Terra.

Se você quiser mais explicações a respeito desse fenômeno mediúnico, leia o Capítulo VI, de *O Livro dos Médiuns*, de Allan Kardec, o qual esclarece que essas manifestações visuais são permitidas, para dar ao homem a prova de que nem tudo morre com o corpo e que a alma conserva a sua individualidade após a morte.

Jesus também voltou depois de morto para ajudar os seus discípulos conforme registra o Novo Testamento da Bíblia, visto por todos eles, e na condição de Espírito materializado, foi inclusive tocado por Tomé.

PARA PENSAR E AGIR

★ Conclusão:
Contra fatos não há argumentos, porque a vida continua. Deus nos socorre sempre por meios e modos que somos incapazes de imaginar.

★ Diante desta afirmativa, procure lembrar algum momento de desamparo em que Deus ajudou você e tudo passou.

★ Você agradeceu?

O Porquê do Amor ao Próximo

NO CORAÇÃO DO HOMEM Deus colocou a regra da verdadeira Justiça, que foi revelada por Jesus, ao enunciar: — "Queira cada um para os outros o que quereria para si mesmo". O fundamento dessa regra, que podemos chamar de áurea, ou seja, a primeira de todas, é a de que ninguém desejando o mal para si e tomando por modelo o seu desejo de querer só o bem para a sua pessoa, logicamente, desejará para o seu semelhante somente o bem.

Essa forma de proceder se aplica a todas as circunstâncias da vida, em nos relacionamos com o nosso semelhante, porque, segundo *O Livro dos Espíritos*, de Allan Kardec, a consciência é o guia mais seguro que Deus nos deu para julgarmos e tomarmos decisões.

Interessante notar que todas as religiões adotam a regra áurea como norma de conduta, inclusive o Espiritismo, que é o Cristianismo redivivo, pois todas, na verdade, tomaram o direito pessoal por base do direito do próximo.

E para conferir se essa afirmação é verdadeira, comecemos pelo Judaísmo. No Talmude, lê-se: "O que julgares nocivo, não faças a teu próximo. Toda a lei está contida aí e o resto é apenas decorrência"; no Bramanismo consta do Mahabharata: "Esta é a suma do dever: não faças aos outros o que a ti mesmo desagradaria"; no Islamismo, propõe o Alcorão : "Nenhum de vós é um crente se não deseja para seu irmão o que deseja para si mesmo"; no Taoísmo: "Considera que o teu vizinho lucra com o teu lucro, e que perde com as tuas perdas", Tao Te Ching; no Budismo aconselha o Dharma: "Não faças a teu próximo aquilo que magoaria a ti mesmo"; e finalmente no Confucionismo em Analectos: "Eis certamente a máxima do amor: não fazer aos outros o que não queremos que eles nos façam".

Por último, vale a pena destacar que Jesus não só proclamou o "amar ao próximo como a si mesmo", como deu o exemplo máximo desse amor em toda a sua vida, praticando a justiça na sua maior pureza, porquanto sem o amor ao próximo e sem a caridade, não há a verdadeira justiça e a verdadeira paz.

FAÇA ESSE TESTE

★ Diante das situações a seguir, como você agiria aplicando o conteúdo do texto apresentado?

★ Quando o familiar acorda de mau humor;

★ Quando o chefe estiver irritado;

★ Quando o motorista do coletivo encontra-se descontrolado no trânsito;

★ Quando alguém lhe causar um prejuízo econômico;

★ Quando o seu amigo chega atrasado ao encontro; e

★ Quando o parente liga a televisão ou rádio dentro de casa a "esbanjar decibéis" (som muito alto).

Amor ao Filho Rebelde

A MAIS ALTA DEMONSTRAÇÃO de amor a Jesus, através de nosso próximo, é amar alguém que tudo terá feito por não merecer. É amar aquela pessoa que nos feriu profundamente, ajudando-a no momento em que ela mais precisar, estendendo a mão para tirá-la do "fundo do poço".

Tudo isso, na verdade, ainda é muito difícil de praticarmos, no entanto, devemos dar os primeiros passos para adquirirmos forças para perdoar e amar verdadeiramente o nosso próximo. Agora, se não podemos amar quem nos tentou destruir, podemos pelo menos não odiá-lo, não alimentando nenhum sentimento de vingança contra ele. Esse é o primeiro passo, e se possível, rogar a Deus pelo seu bem e que sua consciência desperte para o lado bom da vida.

Isso tem sentido, porque Deus nos perdoa sempre e jamais falta com o perdão a todos os Seus filhos, até mesmo aos que estejam mais distanciados da Sua lei de amor e de bondade.

O próprio Cristo também nunca deixou de dar o perdão a seus algozes, ao sentenciar do alto da cruz: – "Pai, perdoa-lhes porque não sabem o que fazem". E jamais condenou ao inferno os maiores pecadores com quem conviveu pessoalmente, e até pelo contrário, sempre deu uma palavra de esperança e de amor a todos eles. A Maria Madalena, disse: "Filha, o amor cobre a multidão de pecados". À mulher adúltera aponta o caminho da esperança, dizendo-lhe: "Mulher, ninguém te condenou. Eu também não te condeno. Vai e não peques mais". Ao bom ladrão, pendurado na cruz, prometeu: "Digo-te hoje mesmo estarás comigo no Paraíso".

Podemos afirmar também que uma das manifestações desse verdadeiro amor é aquele dado pelos pais, cujo filho rebelde enveredou pelo caminho das drogas e eles continuam fazendo de tudo para reabilitar. É o amor que não compactua com o erro do filho em circunstância alguma, mas prossegue amando o filho errado até tirá-lo das garras do vício infeliz. Isso é amor!

PARA MEDITAR E AGIR

- Primeiro passo para ajudar:
  Não odiar, não desprezar, não virar as costas.

- Segundo:
  Orar sempre a Deus para que o amor aflore em sua alma e o passado seja anulado pelo perdão.

- Terceiro:
  Lembrar: Deus sempre nos concede novas oportunidades para aprender, reaprender e reparar todo erro cometido.

Confiança em Deus

CERTO DIA, conversando com David, que embora desempregado, está se virando fazendo "bicos", ele me pediu que enviasse uma mensagem para as pessoas aflitas diante dos momentos difíceis que estejam atravessando.

O que eu posso dizer àqueles que carregam uma cruz pesada, porque vivem uma difícil convivência no lar, porque continuam desempregados ou porque padeçam de grande enfermidade, é que não se desesperem e nem pensem em suicídio. Orem e confiem em Deus, porque os sofrimentos que experimentam os suicidas na vida espiritual são muito grandes.

Não vale a pena morrer, essa é grande verdade; o que importa é viver, lutar e não se entregar ao desânimo, lembrando o exemplo de Jesus: carregou uma cruz, sem merecer, sem revolta e sem nenhuma queixa.

Como se sabe, a pior decepção do suicida ao morrer é a de que ele continua vivo, porque a alma não morre nunca, e os sofrimentos não acabam com a morte. E pior, eles são aumentados em virtude do gesto de revolta contra as Leis do Criador.

A propósito, o poeta Casimiro Cunha resume tudo isso na seguinte quadra, recebida pelo médium Chico Xavier: – "Todo suicida presume/Que a morte é o fim do amargor/Sem saber que o desespero/É a porta para outra dor".

De nossa parte podemos afirmar que Deus jamais fechou a janela da esperança ao coração desesperado quando as portas do mundo se fecham para ele. Essa janela sempre esteve e sempre estará aberta ao coração, aflito que O procura através da prece sincera, feita com humildade e com fé na Sua Divina Bondade.

Na verdade, o coração sofrido e torturado sempre encontrará, pela prece, as bênçãos da infinita solicitude do Pai Celestial. Ore, trabalhe e confie, porque a oração fervorosa, o trabalho no bem e a confiança em Deus são a bendita solução para todos os problemas da vida.

BUSCANDO SOLUÇÕES

- Entenda que a provação que você está atravessando é passageira. Na verdade, tudo passa;

- Relacione os momentos que você sofreu perdas, provações e nos quais a confiança em Deus o sustentou;

- Agora liste os problemas que você tem. Ore. Com certeza, as soluções lhe virão por inspiração de Deus. O importante é buscar soluções. Elas existem!

- Segundo a benfeitora espiritual Meimei, "Deus tem estradas onde o mundo não tem caminhos".

Isso Também Passa

NA TERRA, UM ANJO DE BONDADE se corporificou com o nome de Maria, com a gloriosa missão de ser a mãe de Jesus. Pelo seu extremado amor foi carinhosamente chamada de Mãe Santíssima pelos enfermos, e por todos os necessitados que buscavam suas palavras de ternura e de encorajamento para a vida, após a morte de seu filho amado.

Nesse sentido, há um episódio confortador no livro *Boa Nova*, no Capítulo dedicado a Maria, quando o Espírito Humberto de Campos narra que, certo dia, um dos mais aflitos lhe disse:

— Minha mãe, como vencer as minhas dificuldades? Sinto-me abandonado na estrada escura da vida... Maria lhe enviou o olhar amoroso da sua bondade, deixando nele transparecer toda a dedicação enternecida do Espírito maternal que sempre foi, e disse carinhosamente:

— Isso também passa! – só o Reino de Deus é bastante forte para nunca passar de nossas almas, como eterna realização do amor Celestial.

Nos planos siderais, a mãe de Jesus continua a velar pelas filhas do calvário, ou seja, aquelas que prosseguem pregadas na cruz da ingratidão dos filhos; do abandono daqueles que amamentaram com o leite do sacrifício; das que carregam escondida nas entranhas da alma a vergonha de um filho entregue ao crime; e das que renunciaram à felicidade da vida conjugal, apagando sorrisos e calcando afetos, para sustentar a luz de um lar.

Maria, ao se compadecer dessas mães, verdadeiras heroínas, envia o anjo da sua bondade, para balsamizar seus padecimentos... É Celina, a suave mensageira da Mãe de todas as mães, o gênio tutelar da humanidade sofredora.

Quando o pranto aflora nos olhos das que são filhas e irmãs, das que são mulheres e mães na Terra, no coração das quais, muitas vezes, se concentra a amargura, vem Celina e toma-as nos braços de névoa resplandecente e, através dos ouvidos da consciência, lhes diz com brandura:

– "Veio a dor bater à vossa porta? Coragem ... não vos desanimeis nas ásperas lutas que objetivam o vosso aprimoramento moral. Pensai na mãe de Jesus, que teve sua alma recortada de martírios, lacerada de sofrimentos, atormentada de angústias. Ela se desvela do céu por todas aquelas almas que escolheram suas pegadas de Mãe amorosa e compassiva."

A você, mãe sofredora, que carrega uma pesada cruz na estrada da vida, procure sempre lembrar das palavras de Maria: "Filha, isso também passa..."

PALAVRAS DE ESPERANÇA

* Mãe, suas lágrimas derramadas são diamantes de luz para Deus.

O Sermão da Esperança

OS ENSINAMENTOS DE JESUS, a Sua mensagem, passados dois mil anos, continuam atualizados e mais vivos do que nunca, demonstrando que o Seu sacrifício não foi em vão. O seu discurso foi o mais autêntico de todos, pois não se circunscreveu a uma transmissão oral apenas. Tudo quanto disse, Ele viveu em plenitude.

Podemos dizer que a síntese da mensagem do Cristo, endereçada ao coração aflito e torturado, é, sem dúvida alguma, o inesquecível Sermão da Montanha.

Na hora em que Jesus subiu o monte, relata o Espírito Humberto de Campos, no livro *Boa Nova*, ditado ao médium Chico Xavier, o crepúsculo descia num deslumbramento de ouro e brisas cariciosas.

Ao longo de toda a encosta, acotovelava-se a turba imensa. Muitas centenas de criaturas se aglomeravam ali, a fim de ouvirem a palavra do Senhor. Eram velhinhos trêmulos, lavradores simples e generosos, mulheres do povo agarradas aos filhinhos. Entre os mais fortes e sadios, viam-se cegos e crianças doentes, homens maltrapilhos, exibindo as verminas que lhes corriam as mãos e os pés.

Deixando perceber que se dirigia aos vencidos e sofredores do mundo inteiro, Jesus, pela primeira vez, pregou as bem-aventuranças celestiais. Sua voz caía como bálsamo eterno, sobre os corações desditosos, ao dizer:

– Bem-aventurados os pobres de Espírito, porque deles é o reino dos Céus;

– Bem-aventurados os que choram, porque eles serão consolados;

– Bem-aventurados os mansos, porque eles herdarão a terra;

– Bem-aventurados os que têm fome e sede de justiça, porque eles serão saciados;

– Bem-aventurados os misericordiosos, porque eles alcançarão a misericórdia;

– Bem-aventurados os puros de coração, porque eles verão a Deus;

– Bem-aventurados os pacificadores, porque eles serão chamados os filhos de Deus;

– Bem-aventurados os que sofrem perseguição por causa de justiça, porque deles é o reino dos Céus; e

– Bem-aventurados sois vós, quando vos injuriarem e perseguirem e mentindo, disserem todo o mal contra vós por minha causa.

Caso você esteja vivendo um momento difícil na vida, procure imaginar Jesus falando aos vencidos e sofredores naquele monte ao fim da tarde e ouça na acústica de sua alma as palavras de esperança e conforto.

BREVE LEMBRETE

★ Segundo Jesus, "bem-aventurados os que choram e serão consolados" não são aqueles que derramam lágrimas nascidas da revolta, mas aqueles que as vertem do coração resignado, que balsamizam e refrigeram a alma sofredora e aflita.

Duas Vidas Modificadas

CERTA FEITA, alguns populares chegaram à reunião do Centro Espírita Luiz Gonzaga, em Pedro Leopoldo (MG), pedindo socorro a Chico Xavier para um cego acidentado de nome Cecílio. O homem, conduzido por um companheiro alcoolizado, caíra de um viaduto da antiga Estrada de Ferro Central do Brasil.

Chico Xavier, em virtude de o guia do homem ter desaparecido, deixando seu amigo sangrando pela boca, alugou uma casa, onde o cego foi asilado. Caridoso médico receitou e tratou o doente.

O médium mineiro ficava com Cecílio à noite, mas durante o dia precisava de alguém para ajudá-lo, porque trabalhava num armazém. Para isso, publicou um anúncio no jornal. Seis dias se passaram, sem que ninguém se oferecesse.

Mas, ao final da semana, duas meretrizes se apresentaram. Vale aqui recordar as palavras de Jesus a Maria Madalena: "Filha, o amor cobre a multidão de pecados".

Todas as noites, antes de saírem, as enfermeiras oravam com Chico, ao pé do enfermo. Decorrido um mês, quando Cecílio já havia se restabelecido, reuniram-se, pela última vez, em prece.

Os quatro choravam num sentido agradecimento a Jesus, feito pelo médium mineiro, quando uma das meretrizes disse: "A prece modificou nossas vidas. Estamos de saída para Belo Horizonte, a fim de trabalharmos".

Com esse fato, entendemos que o trabalho no bem, por si só, é uma poderosa oração. Mas, quando desejamos mudar de vida, podemos buscar forças pela prece que sai do fundo da nossa alma.

DEPENDE SOMENTE DE VOCÊ

★ Primeiro passo:
Ore a Deus pedindo forças para mudar de vida.

★ Segundo:
Visualize sua vida mudada e o trabalho no bem, porque isso aumentará a sua força de vontade. Depois trace mentalmente seus planos de mudança.

★ Terceiro:
Coloque em prática o seu projeto porque abaixo de Deus, ele só depende de você e de mais ninguém.

Uma Lição de Vida

NA MINHA JUVENTUDE, ao visitar os enfermos do Hospital de Curupaiti, acompanhando outros jovens Espíritas, conheci Ibraim, de ascendência árabe, no seu leito de dor. Além de cego, em razão do Mal de Hansen, chamado lepra antigamente, ele também apresentava chagas pelo corpo todo.

Embora estivesse internado havia mais de 25 anos naquele hospital, Ibraim estava sempre de bom humor, e seu semblante tranqüilo revelava a sua serenidade interior, apesar do rosto desfigurado pela ação deformadora da enfermidade.

Quero confessar que Ibraim marcou minha vida mais profundamente em duas oportunidades, nos quase vinte anos de visita à sua pessoa, sem que eu ouvisse qualquer queixa de sua parte. A primeira delas foi quando eu o conheci. Como eu falava um pouco de árabe, por trabalhar, naquela época, com libaneses, fiz a saudação costumeira:

– "Kifa ente, mirra mabsuti?", isto é, "como vai, você vai bem?" E ele me respondeu no mesmo idioma:

– "Mirra, niscri Alah", ou seja: – "vou bem, Graças a Deus."

Ao ouvir essa resposta, eu que nessa época me considerava um grande sofredor na vida, em virtude da situação difícil que a família atravessava, aprendi a nunca mais reclamar da vida.

A segunda lição recebida do inesquecível amigo foi quando, ao visitá-lo num domingo à tarde, encontrei-o coberto até a cabeça. Ao perguntar ao ocupante da cama do lado se Ibraim estava dormindo, simplesmente respondeu que não, e explicou-me que quando ele sentia muitas dores, cobria o rosto para que ninguém visse que estava sofrendo. E verifiquei que isso era o que realmente estava acontecendo.

Diante desse quadro, as lágrimas rolaram da minha face de emoção, por presenciar tanta grandeza espiritual! A figura humilde de Ibraim, mas corajosa diante da dor, deixou rastros luminosos de fé e de bom ânimo para serem seguidos por todos nós que sofremos neste mundo.

Apesar da alma encarcerada num corpo totalmente marcado pela hanseníase, Ibraim irradiava a luz da resignação, por ouvir, certamente, o convite amoroso do Cordeiro Divino: "Vinde a mim todos vós que estais aflitos e sobrecarregados que eu vos aliviarei."

PALAVRAS A UM VENCEDOR

Querido Ibraim:

Aproveito a oportunidade para enviar um pequeno bilhete a você, onde estiver, dizendo-lhe da nossa gratidão pelo exemplo que nos legou. Sua resignação nos deu forças para vencer as provas pelas quais mais tarde passaríamos na vida, como a desencarnação, ocasionada pelo câncer, de três filhos, um neto e a primeira esposa.

Deus continue iluminando seu Espírito por toda a eternidade!

Esses são os votos daquele que um dia teve a felicidade de ver a beleza de sua alma a irradiar-se além das marcas deformadoras do corpo ocasionadas pela doença redentora que você soube vencer.

Deus lhe abençoe hoje e sempre!

Seu amigo, Gerson.

Há Vida Além da Morte

ALLAN KARDEC, tratando da perda dos entes queridos em *O Livro dos Espíritos*, publicado em 1857, recebeu na pergunta 934 uma resposta dos Benfeitores Espirituais dividida em duas partes.

A primeira dizia que temos o consolo de podermos nos comunicar com os nossos amigos e parentes desencarnados, pelos meios que estão ao nosso alcance, ou seja, pela mediunidade. E a prova disso encontramos nos livros *Jovens no Além, Adeus Solidão, Retornaram Contando, Eles Viveram* e muitos outros psicografados pelo médium Chico Xavier. Um livro interessante sobre esse assunto é *A Vida Triunfa,* de Paulo Rossi Severino e Equipe da Associação Médico-Espírita de São Paulo, com 95 mensagens recebidas pelo médium Chico Xavier e analisadas com rigoroso critério científico.

A segunda parte previa que depois da comunicação dos Espíritos pela mediunidade, ela também seria possível por outros meios mais diretos e mais acessíveis aos nossos sentidos. É o caso do SPIRICOM, o telefone do além.

Construído pelo engenheiro americano George W. Meek, o SPIRICOM é um aparelho para falar com os mortos, com base num sistema eletromagnético e acionado pela energia doada pelos médiuns, o ectoplasma. Segundo Meek, pode-se falar com os Espíritos pelo SPIRICOM, da mesma forma pela qual falamos pelo telefone com um amigo distante. A matéria a respeito desse assunto foi publicada pelo jornalista Edgardo Costa Reis, no Jornal O GLOBO, de 11 de abril de 1982.

Ainda sobre o SPIRICOM, o pesquisador Karl W. Goldstein no livro *Transcomunicação Instrumental* dá informações detalhadas a respeito da sua construção, que foi montada com a assistência de cientistas desencarnados.

Além disso, outro fenômeno interessante é o das vozes dos Espíritos registradas em gravadores,conforme as pesquisas relatadas por Peter Bander no livro *Os Espíritos Comunicam-se por Gravadores*, e em outros meios como o computador, o fax etc.

Pode-se incluir, também, na segunda parte da resposta, o VIDICOM, que capta imagens do além, via televisão. Aliás, o Espírito Bezerra de Menezes, em 1915 através de um médium, já havia asseverado que o advento da televisão facultaria aos homens captarem panoramas e detalhes da vida espiritual, segundo relato de Yvonne A. Pereira, no livro *Devassando o Invisível.*

Por último, vejamos a declaração do cientista da transcomunicação instrumental, o engenheiro americano George W. Meek, após falar com os "mortos" pelo SPIRICOM: — "Pela primeira vez em 8.000 anos de história registrada, agora pode ser afirmado com certeza que nossa mente, memória, personalidade e alma sobreviverão à morte do corpo físico."

PARA SUA REFLEXÃO

* Se não houvesse vida após a morte, a vida nesse mundo teria sentido?

* Se você concorda que existe, procure viver de tal modo que você leve daqui o seu "céu interior" para o lado de lá. Lembre-se de que o céu é um estado de consciência e não um local determinado no Universo.

* Caso você, embora não admita, tenha dúvida sobre vida após a morte, construa também o seu "céu interior", pois você vai levá-lo daqui para lá.

Compreender Mais

CERTO DIA, JESUS foi procurado por Efraim ben Assef, um caudilho de Israel, que estava em Jerusalém com a finalidade de lutar contra o poderio romano que dominava o povo judeu.

Ao perguntar ao Messias sobre como ele devia agir quando o orgulho das outras pessoas dificultasse sua vida, e quando os vaidosos, ostentando o poder, multiplicassem as lágrimas, recebeu a seguinte resposta:

– "É preciso ser mais humilde e servir mais."

Efraim prosseguiu perguntando: "e quando os maldosos nos caluniam?"

Jesus, sempre calmo e sereno, respondeu que era preciso mais amor e servir mais.

E foi por aí esse diálogo. Questionado sobre como ele devia encarar a violência e o ódio dos perseguidores, o israelita ouviu de Jesus:

– "É preciso mais brandura e servir mais. É preciso mais paciência e servir mais..., e por último: é preciso mais perdão e servir mais".

Depois de o Cristo ter dado esclarecimentos a respeito dessas respostas, Efraim saiu com imenso desprezo, sem despedir-se. O que ele queria mesmo era envolver o Mestre em seus planos revolucionários contra os romanos.

Decorridos dois dias desse encontro, quando os guardas do Sinédrio chegaram para prender Jesus, o próprio Efraim ben Assef estava à frente deles. Sorrindo, amarrou o pulso do Cristo, qual se prendesse um terrível marginal e perguntou sarcástico:

– "Não reages, Galileu?"

Mas Jesus pousou em Efraim, de novo, o olhar tranqüilo e disse apenas:

– "É preciso compreender e servir mais."

Na verdade, esse fato narrado no livro *Idéias e Ilustrações*, pelo Espírito Humberto de Campos, psicografia de Chico Xavier, nos ensina como agir diante dos nossos inimigos, dos que nos ofendem sem mais nem menos, dos ingratos... Enfim, naquelas respostas a Efraim, Jesus traçou o caminho para conquistarmos a felicidade espiritual. Sigamo-lo!

EXAMINE VOCÊ MESMO

★ Até que ponto você é capaz ou já foi capaz de compreender o outro?

★ Você já esteve envolvido em alguma situação que optou pelo "compreender e servir mais"? E como se saiu?

★ Você acredita que humildade, amor, paciência, perdão, compreensão, são ingredientes necessários para uma boa qualidade de vida neste mundo?

A Proteção do Anjo da Guarda

EM RESPOSTA À PRIMEIRA pergunta de um grande amigo, se os Espíritas acreditam em anjos da guarda, quero dizer que nós acreditamos sim, porque eles existem de fato. E, inclusive, nos ajudam muito durante a nossa vida na Terra, sem nos deixar perceber, para não tirar a nossa responsabilidade das decisões que venhamos a tomar.

Nas horas difíceis, esse amigo espiritual está sempre ao nosso lado, transmitindo palavras de ânimo e de coragem pelo pensamento, assim como se alguém estivesse falando dentro da gente. Quantas vezes ele nos conforta e enxuga nossas lágrimas com a sua voz amorosa, falando diretamente à nossa alma.

É importante que você fique sabendo que a Bondade Divina destina a cada ser humano um anjo guardião, que é, na verdade, um Espírito evoluído, ou, como comumente se diz, um "Espírito de Luz" para nos guiar durante a vida.

Todas as criaturas humanas têm um anjo da guarda, até mesmo o maior criminoso da Terra, pois Deus não deixa ninguém órfão do Seu infinito amor.

Quanto a acender vela para iluminar o seu anjo da guarda que "está fraco", porque você está sofrendo muito e não consegue melhorar, não é preciso. Creio que a "pilha de sua fé" é que deve estar fraca.

Ore mais para aumentar sua fé em Deus, porque a luz do seu benfeitor espiritual está sempre "energizada", pois segundo Allan Kardec, em *O Livro dos Espíritos*, ele é um Espírito Superior. A luz espiritual do anjo da guarda, portanto, não se apaga jamais e até pelo contrário, cada vez aumenta a sua potência, em razão da prática da caridade em aturar e ajudar o seu protegido, e, com paciência, guiá-lo pela senda do Bem.

Respondendo ainda às suas perguntas, quero dizer que seu anjo da guarda não precisa de asas para voar. Como Espírito Superior, ele volita, isto é, desliza pelo espaço, atravessando distâncias incalculáveis com a velocidade do seu pensamento. Pode ele também enviar mensagens para o seu protegido na Terra, estando num mundo bem distante.

E quanto, também, ao maior agrado que cada um pode fazer ao seu anjo guardião é ouvir os seus conselhos através da consciência e, acima de tudo, praticá-los, principalmente fazendo o bem aos seus irmãos em Humanidade.

PERGUNTAS E RESPOSTAS

★ Pode um Espírito protetor abandonar seu protegido, pelo fato dele se mostrar rebelde?

Resposta:
Afasta-se quando vê que seus conselhos são inúteis e que mais forte é, no seu protegido, a decisão de submeter-se à influência dos Espíritos inferiores.

★ E pode abandonar o seu protegido completamente?

Resposta:
Não, e sempre se faz ouvir. É a criatura humana que tapa os ouvidos. O anjo guardião volta desde que ele o chame.

Observação:
Desdobramento de parte da questão 495 de *O Livro dos Espíritos*, de Allan Kardec.

A Era da Esperança

O ANO 2000 JÁ PASSOU e a Terra não foi destruída, conforme a previsão tão divulgada, de que "de dois mil não passaríamos", segundo a Bíblia. Mas a grande verdade é que esse prognóstico não tem fundamento, porque não consta de nenhum texto do Velho ou do Novo Testamento.

Convém esclarecer que o termo *"fim"* empregado nas palavras proféticas de Jesus: –"Quando o Evangelho for pregado em toda a Terra, é então que chegará o fim" – está relacionado com a idéia de tempo e não com a de espaço.

Jesus se referiu ao fim de uma era, e não ao fim do mundo físico. E isto é lógico, pois quando as criaturas humanas estiverem evangelizadas haverá o fim da violência, das lutas fratricidas, do narcotráfico, das balas perdidas, das seleções étnicas e de todo o mal que ainda perdura no coração do homem.

É evidente que estamos vivendo os sinais precursores profetizados pelo Cristo, relativos ao estágio de preparação dessa nova era, e apenas uma prova disso é o grande número hoje em dia dos "falsos cristos e dos falsos profetas".

O chamado "Fim do Mundo", de que tanto se fala, não é, portanto, senão o início de um novo tempo para o planeta que habitamos, quando surgirá uma geração nova, segundo os Espíritos Superiores apresentados por Allan Kardec em *A Gênese*.

Nessa era de paz e de construção espiritual para o bem, os Espíritos rebeldes e violentos serão deslocados do nosso planeta, a fim de que os mansos e pacíficos aqui vivam em paz, conforme se depreende da resposta à questão 1019, de *O Livro dos Espíritos*, que trata exatamente da implantação do reinado do bem na Terra.

E, convenhamos, seria racional Deus acabar com o nosso planeta, quando as criaturas humanas estiverem vivendo plenamente a mensagem do Evangelho? E se Deus é a Justiça Suprema, esse seria o prêmio reservado para os mansos e pacíficos, que se esforçaram tanto para implantar no mundo o seu reino de amor e de paz?

Claro que não! Porque, de fato, os brandos e pacíficos herdarão a Terra, como prometeu Jesus. Esta é a nossa grande esperança! Confiemos, portanto, na Justiça e na Bondade do Criador.

PARA VOCÊ RESPONDER

- Se Deus deu tudo ao homem para ser feliz, o que falta para ele alcançar a felicidade neste mundo?

- Veja se o que você acha que lhe falta para você alcançar a felicidade é realmente imprescindível.

Carta a um Sofredor

SE A VIDA ESTÁ DIFÍCIL, vale a pena carregar na alma o remorso do suicídio para o outro lado da vida?

É evidente que não. Quem hoje em dia não sofre? Quem não tem problemas sérios a resolver? É preciso que você pare para pensar porque todos os problemas da vida têm solução.

No entanto, se você está se sentindo fraco e se as suas forças estão-se esgotando, levante os olhos para os céus e peça com humildade a ajuda de Deus. Para receber essa ajuda é preciso mais calma, menos revolta e muita paciência.

A morte buscada intencionalmente não é, e nunca será, a solução. A morte não existe. O Espírito do suicida se defronta com uma realidade que lhe causa profundos padecimentos morais e espirituais. E ainda mais: os problemas continuam com ele, vão com ele, acrescentados do desespero dos que ficam. Aliás, não será egoísmo de sua parte pensar no suicídio para resolver exclusivamente os seus problemas? E a família, onde fica? E os amigos?

Pense bem e volte atrás. Reflita no amor de Deus, que pintou de azul o céu para que a esperança fosse sempre sua companheira nas horas difíceis. Você, que já agüentou tanta coisa até agora, por que não vai suportar mais esse sofrimento?

Faça uma prece pedindo a ajuda de Deus, e siga em frente para a luta. Deus não abandona nenhum dos seus filhos por mais pecador que ele seja.

Leia um livro edificante para ajudá-lo a pensar de outra forma e vencer essa fase difícil. Fé e coragem. Deus o ama e quer a sua felicidade. Pense nisso e volte a sorrir para a vida. Mantenha a chama do entusiasmo para viver. Não deixe que ela se apague pelo vento frio do desânimo. Toque o barco pra frente!

QUESTÕES PARA SUA REFLEXÃO

- Como você tem enfrentado as dificuldades por que passa?
- Se a cruz está pesada, não é hora de pedir auxílio?
- Deixe o orgulho de lado. Esse é o momento de ser humilde e estender as mãos para ser auxiliado porque sempre existirá um cirineu, ou seja, alguém para ajudar você.
- O seu isolamento nessas horas vai dificultar o socorro e retardar a solução.

O Preço do Orgulho

O ORGULHO INFELIZMENTE leva muitas criaturas a se julgarem superiores às outras, só porque possuem títulos, inteligência, autoridade e riquezas, embora Deus tenha criado todos os Espíritos de uma mesma essência – como também todos os corpos humanos são modelados com o mesmo tipo de matéria. Para o Criador, todos somos iguais na balança divina e só as virtudes nos distinguem.

Pelo que nos é dado observar, o orgulhoso sofre muito, e foi o que aconteceu com o senador romano Públio Lentulus, designado para alto cargo na Palestina, na época em que Jesus transmitia à humanidade Seus ensinamentos.

Ao procurar Jesus para a cura de sua filha leprosa, o senador rejeitou, nesse comovente encontro com o Cristo, o convite para a regeneração de toda a sua vida, em razão de sua elevada posição no Império Romano.

Ao chegar à casa, verificando que sua filha Flávia estava curada, não admitiu que essa cura tivesse sido feita por Jesus, mesmo depois de ouvir o depoimento de sua esposa Lívia, que a menina melhorou rapidamente ao experimentar na fronte o contato de mãos carinhosas, momentos antes de ele chegar. Segundo Públio Lentulus, o restabelecimento de Flávia teve como causa, apenas, uma reação salutar do seu organismo.

A partir daí, toda a sua vida foi de dor e sofrimento, como está narrada no livro *Há dois mil anos*, psicografado por Chico Xavier. Nessa obra, o Espírito Emmanuel conta que estava reencarnado, na época do Cristo, como o senador Públio Lentulus, que perdeu sua esposa Lívia na arena do circo *Máximos* devorada pelos leões, por sua condição de cristã. Lentulus acabaria morrendo no ano 70, na região de Pompéia, soterrado pelas cinzas do vulcão Vesúvio.

Vale a pena lembrar o pensamento de um filósofo acerca da humildade de Deus, quando diz que Ele nunca se mostrou aos homens para reivindicar a autoria do Universo.

RESPONDA ESSAS QUESTÕES

- Por que a humildade é tão difícil de ser praticada pelo ser humano?
- Você já sentiu alegria interior ao ser humilhado(a) e não ter reagido? E ainda sentiu pena do agressor?
- Se o orgulho é tão terrível adversário, como vencê-lo?
- Afinal, o que é ser humilde?

Não Vale a Pena se Vingar

ESSE FATO NARRADO pelo Espírito Hilário Silva, por intermédio do médium Chico Xavier, revela que um rapaz fora rudemente esbofeteado num baile, sem ter culpa alguma. Ele nada fizera que pudesse ofender alguém.

Por mera desconfiança, o agressor esmurrara-lhe o rosto. Os que assistiram a agressão consideraram que o jovem agredido foi covarde porque não revidou na hora. No entanto, intimamente, ele jurou vingar-se do covarde agressor e, munido de um revólver, aguardava a ocasião.

Um amigo, percebendo a sua alma sombria, conseguiu levá-lo a um Centro Espírita, orientado pelas obras de Allan Kardec. Desinteressado, ouviu preces, comentários e apontamentos edificantes, quando um amigo espiritual, por intermédio de um médium psicógrafo, escreveu bela página sobre o perdão, na qual dizia:

"A justiça real vem de Deus. Ninguém precisa vingar-se. Mesmo ferido, serve e perdoa. A corrigenda do ofensor pode ser amanhã."

O jovem ouviu atentamente o recado espiritual e saiu, pensando. Na manhã seguinte, topou, face a face com o desafeto, mas recordou-se da página sobre o perdão que ouviu no Centro Espírita e, por sete vezes, conteve o impulso de vingança. Dias depois, retornando ao trabalho encontrou um enterro e descobriu que o esmurrador, aquele que o ferira, morrera na véspera picado por escorpião.

Foi por isso mesmo que Jesus, modelo máximo de perfeição para a Humanidade, recomendou que retribuíssemos sempre o mal com o bem, e que não resistíssemos ao mal que nos quisessem fazer. Em verdade, não vale a pena carregar o peso do remorso por toda a vida, nem a responsabilidade de ter que corrigir um mal ato praticado.

RESPONDA VOCÊ MESMO

* Você costuma vingar-se, ou resiste a esse desejo?

* Você se arrepende e procura corrigir a situação criada?

* Seja sincero: você pode sentir prazer igual na companhia de um inimigo ao que sente na de um amigo?

* Ensinou Jesus: "Se alguém vos bater numa face, apresentai-lhe a outra", isto é, suportar um insulto sem se vingar. Isso é um ato de covardia ou de coragem moral?

Como Vencer as Provas da Vida

DOIS PRESIDIÁRIOS cumpriam penas na mesma cela. Um deles passava o tempo todo vendo a lama que cercava o presídio. Em razão dessa atitude, a tristeza tomava conta de sua alma.

O outro detento, por sua vez, pelas mesmas grades olhava o céu, e passava o tempo admirando a luz do sol, a beleza das estrelas, chegando à conclusão de que Deus pintara o céu de azul para dar esperança ao torturado coração humano. Embora preso, voava pelas asas do pensamento, viajando mentalmente pelo espaço infinito. Em face disso, experimentava momentos de plena felicidade.

De fato, em todas as circunstâncias de nossa existência, podemos adotar duas atitudes. A primeira é a de "olhar só para baixo", admitindo que o nosso mundo seja uma prisão e a reencarnação simplesmente um castigo de Deus. Essa visão distorcida e punitiva da vida gera um estado pessimista e destruidor das melhores realizações no bem.

A segunda atitude, e que devemos adotar sempre, é a de "olhar para cima"para mantermos o chamado "alto-astral". Para isso, precisamos entender que a Terra é uma escola construída por Deus, na qual ele nos matricula no curso da vida, com o fim de nos aperfeiçoarmos espiritualmente. E é nesse aperfeiçoamento que encontramos a felicidade.

Mas se você porventura se encontra preso aos seus problemas, lembre-se da infinita Bondade de Deus, que se manifesta em toda a criação, para buscar forças e vencê-los. Foi o que fiz na minha juventude difícil. Ao passar nesta época por certa dificuldade, longe da minha mãe e dos irmãos, em um domingo pela manhã, no Parque Halfeld, em Juiz de Fora, Minas Gerais, compus o soneto *Deus e a Natureza*, uma forma de "olhar para o alto" e de manter a fé no Pai Celestial. A poesia que escrevi foi a seguinte:

Contemplando a Natureza
Busco o autor que assina
Essa obra de tal grandeza
Onde o amor predomina.

Veja: o sol nos ilumina
A lua nos traz repouso
Viceja a paz na campina
A chuva é pranto copioso.

Então, passo a meditar
Na majestade sem par
De todos os atos Seus:

Que inteligente ser
Pra tal obra conceber
Senão Ele, o Eterno Deus !

PARE PARA PENSAR

- ★ Como você está encarando a vida?
- ★ Será que dá para vivermos o tempo todo só "olhando para cima"?
- ★ Mas "olhar só para baixo" ajuda alguém a vencer as dificuldades da vida?
- ★ Escreva algum pensamento, uma frase, um texto, sobre todos os bens que Deus nos legou pela natureza, e quem sabe, uma poesia também. Experimente!

Receita para a Felicidade

QUEM NÃO GOSTARIA de gozar de completa felicidade neste mundo? Mas por ora isso não é possível, pois na Terra, sendo ainda um mundo de expiações e provas, um mundo de categoria inferior, o que o homem pode alcançar é tão somente a felicidade relativa. Mas, para isso, depende da própria criatura humana suavizar os amargores e as dificuldades da sua existência e ser tão feliz quanto possível.

Agora, se você pretende conquistar essa felicidade relativa, passo-lhe uma "receita" que está inteiramente à sua disposição na farmácia da sua alma. Eis a fórmula:

1º)Auxilie os parentes difíceis e os amigos inconvenientes, os chefes autoritários e os subordinados insatisfeitos, ou qualquer pessoa da sua convivência, sem reclamações de qualquer espécie;

2º)Ajude o próximo ou quem quer que seja, sem esperar recompensa;

3º)Empregue todos os esforços para vencer as imperfeições morais, tais como o egoísmo, o orgulho, a vaidade e os vícios de toda natureza;

4º)Abençoe sem reservas os que o ferem e caluniam, orando por todos eles;

5º)Compreenda os outros sem exigir que os outros o compreendam;

6º)Aceite a vida como ela se lhe apresente, mas fazendo tudo para melhorá-la incessantemente;

7º)Aceite, também, as pessoas como são, sem exigir que elas se modifiquem à força de sua vontade e querer;

8º)Detenha qualquer impulso de cólera ou violência dentro do lar, estabelecendo a harmonia em si mesmo perante os familiares;

9º)Mantenha o bom ânimo em qualquer adversidade, seja diante da perda de entes queridos, ou na enfermidade do corpo e da alma, semeando a paz e a alegria; e

10º)Estimule a prática do Bem onde você estiver, sem se deter nas sombras do Mal.

Você, usando diariamente essa fórmula do bem viver, poderá ser feliz quanto é possível neste mundo, porque essa é a vontade de Deus, mas não deixe de fazer a sua parte!

CONCLUSÃO

★ A PARTIR DESTE PONTO ENCERRO A MINHA CONTRIBUIÇÃO NO SENTIDO DE VOCÊ CONQUISTAR O ENTUSIASMO PARA A VIDA.

★ AGORA É A SUA VEZ.

NÃO DEIXE DE FAZER A SUA PARTE !

VÁ EM FRENTE E DÊ O PRIMEIRO PASSO !

O SEGUNDO VIRÁ, PORQUE EM QUALQUER CIRCUNSTÂNCIA DA VIDA O IMPORTANTE É MANTERMOS A CHAMA DO ENTUSIASMO PARA VIVER !

Bibliografia

EMMANUEL / XAVIER, Francisco Cândido. *Há Dois Mil Anos*. 38ª edição. Rio de Janeiro, FEB, 2000.

ESPÍRITOS, Diversos / XAVIER, Francisco Cândido. *Idéias e Ilustrações*. 5ª edição. Rio de Janeiro, FEB, 1993.

GAMA Ramiro. *Lindos Casos de Chico Xavier*. 1ª edição. São Paulo, LAKE, 1995.

HUMBERTO DE CAMPOS / XAVIER, Francisco Cândido. *Boa Nova*. 26ª edição. Rio de Janeiro, FEB, 2000.

KARDEC, Allan. *O Evangelho Segundo o Espiritismo*. 107ª edição. Rio de Janeiro, FEB, 1998.

________.*O Livro dos Espíritos*. 52ª edição. Rio de Janeiro, FEB, 1981.

________.*O Livro dos Médiuns*. 56ª edição. Rio de Janeiro, FEB, 1988.

________. *A Gênese*. 39ª edição. Rio de Janeiro , FEB, 2000.

MARTINS, CELSO. *É Possível Ser Feliz?* 1ª edição. São Paulo, Gráfica e Editora do Lar / ABC do Interior, 1991.

PEREIRA, Yvonne A. *Devassando o Invisível*. 10ª edição. Rio de Janeiro, FEB, 1998.

SILVEIRA, Adelino. *Chico, de Francisco*. 5ª edição. São Paulo, CEU, 1987.

Bibliografia

Leia também da MAUAD Editora